Le travail et les classes ouvrières dans l'ancienne France

Le travail et les classes ouvrières dans l'ancienne France

Charles Louandre

Editions Le Mono

Collection « *Les Pages de l'Histoire* »

Connaître le passé peut servir de guide au présent et à l'avenir.

ISBN : 978-2-36659-462-1
EAN : 9782366594621

Le moyen-âge présente un singulier phénomène. La société est assaillie par des maux sans nombre ; une plainte amère et profonde sort de chaque siècle : cette plainte, d'âge en âge, est répétée par l'histoire, et jusqu'à la renaissance, parmi ceux qui souffrent, qui discutent et qui pensent, personne ne cherche dans la constitution sociale et les lois, la cause et le remède des misères et des douleurs qui frappent fatalement chaque génération. L'esprit humain, dompté par la foi, accepte le mal comme le châtiment inévitable d'une faute héréditaire, et, en présence des réalités les plus désastreuses, son activité se concentre tout entière sur les abstractions de la métaphysique religieuse. Ce n'est point à la société, mais au dogme ou à l'église que s'attaquent les novateurs et les utopistes.

Chaque réformateur s'annonce comme un prophète : la lutte des idées est, pour ainsi dire, transportée dans l'infini, et le moyen-âge, dans la sphère intellectuelle, n'est qu'un long tournoi théologique ; mais au XVIe siècle le génie de la controverse, épuisé par Luther et Calvin, retombe brusquement du ciel sur la terre ; la théologie se retire de la scène active du monde pour se réfugier dans l'école ; le problème du bonheur terrestre remplace peu à peu le problème du bonheur éternel, et l'inquiétude des esprits, limitée aux intérêts positifs, se rejette violemment dans les controverses sociales.

Ces controverses ont fini par prendre une activité nouvelle ; les sciences spéculatives se sont tournées vers l'économie politique, surtout vers les questions les plus délicates, les plus ardues de cette science, celles du paupérisme et du travail par exemple, et, dans cette voie épineuse, les deux écoles qui se partagent le domaine des études économiques rencontrent chaque jour un nouveau problème. La première de ces écoles, que nous appellerons l'école *libérale* ou *positive*, fidèle aux traditions de la révolution française, défend la liberté du travail elle veut que l'industrie se développe à sa guise, selon ses besoins et ses instincts, et elle ne reconnaît aux pouvoirs sociaux le droit d'intervenir dans les transactions que pour réprimer ce qui peut s'y mêler de répréhensible au point de vue moral. L'autre, que nous appellerons l'école *empirique*, veut subordonner constamment les existences individuelles à l'action d'un être abstrait, *pouvoir, commune, état*, qui substitue sa volonté aux volontés particulières ; elle veut *organiser* l'industrie d'après des théories préconçues, comme on arrange un livre et un chapitre, et, n'osant s'attaquer ouvertement à la liberté, elle s'attaque à la concurrence, méconnaissant ainsi les traditions de la révolution qu'elle invoque et qu'elle prétend continuer. L'école positive défend la liberté, parce qu'elle trouve en elle le plus puissant instrument du progrès, et, sans dissimuler des souffrances poignantes et trop nombreuses encore, elle s'attache à prouver que, du jour où cette liberté a été proclamée, la condition des classes industrielles s'est notablement améliorée. L'école empirique, au contraire, tout en admettant le progrès dans la production et la consommation, récuse tout progrès dans le bien-être matériel, et quelques-uns de ses disciples ont même soutenu que la condition des populations ouvrières n'a fait que décliner, et que le développement de la misère est parallèle au développement de la civilisation. L'école positive, se fondant sur la méthode expérimentale, tient compte des obstacles que la volonté humaine ne peut renverser : intempéries des saisons, famines, maladies, accidents physiques de toute espèce ; — des obstacles politiques guerres ou révolutions, concurrence étrangère, — et de ceux qui naissent du fait même des individus, tels que l'imprévoyance, le vice, la paresse. L'école empirique, au lieu de chercher sérieusement les moyens d'améliorer le sort des ouvriers, énumère emphatiquement leurs souffrances, puis construit dans un monde idéal une industrie fantastique, et fait briller aux yeux abusés le mirage de l'âge d'or. Elle invoque, avec Pythagore, l'harmonie des nombres ; elle poursuit, avec Raymond Lulle ou Corneille Agrippa, le secret du grand œuvre ; elle fait descendre du ciel, comme les millénaires, une Jérusalem céleste toute resplendissante de clarté, et de laquelle sont à jamais bannis le mal, le vice et la misère. D'un côté, on veut améliorer en se basant sur l'observation et l'expérience ; de l'autre, on veut renverser en invoquant pour toute règle la souveraineté des théories individuelles.

D'importantes études ont été publiées à l'occasion de la lutte économique dont nous venons de parler, et, comme cette lutte est l'un des faits dominants, nous avons pensé qu'il y aurait peut-être quelque intérêt à étudier dans l'histoire, et comme point de comparaison, les questions qu'elle a soulevées. Quelles étaient dans la vieille France les lois qui régissaient le travail ? A quels pouvoirs les gens de métiers, considérés comme travailleurs, étaient-ils soumis ? Quelle influence le système corporatif a-t-il exercée sur la condition des classes ouvrières ? Quelle est dans la constitution de ce système la part de la démocratie et la part du christianisme ? Sommes-nous, sous le rapport du bien-être matériel des populations laborieuses, en progrès ou en décadence ? Le régime moderne de la liberté pour l'industrie est-il supérieur au régime ancien de la réglementation administrative ? Telles sont quelques-unes des questions que nous voudrions éclairer, en laissant toujours parler la simple analyse des textes, la simple exposition des faits, et en signalant les recherches, trop rares encore, auxquelles on s'est livré récemment sur nos annales industrielles. C'est bien le moins que l'érudition, isolée dans ses ruines, en sorte quelquefois pour se mêler aux discussions actives, et qu'elle donne une sympathique attention à ces hommes des corporations, dont elle retrouve çà et là, sur les vieux parchemins des échevinages, les noms obscurs, dépouillés de tous souvenirs, à ces hommes qui sauvèrent la France sous l'oriflamme de Philippe-Auguste comme sous l'étendard de Jeanne d'Arc, et dont la vie simple et forte, emprisonnée dans les villes sombres du moyen-âge, fut sanctifiée par le travail, la souffrance et la probité.

I – Constitution du travail depuis la conquête romaine jusqu'à l'affranchissement des communes – Les premiers codes de l'industrie française

L'histoire du travail, dans l'ancienne France, peut se diviser en quatre périodes nettement tranchées. Dans la première, à partir de la conquête romaine jusqu'aux invasions barbares, nous trouvons l'esclavage, mais l'esclavage déjà adouci. Dans la seconde période, c'est-à-dire depuis la chute de l'empire d'Occident jusqu'à la fin du règne de Charles-le-Chauve, l'esclavage est remplacé par la servitude domestique. L'esclave est propriétaire de sa vie, et se trouve, dans une certaine limite, usufruitier du travail de ses bras. Plus tard, à la fin du IXe et dans le cours du Xe siècle, la servitude se transforme en servage. Dans cette condition nouvelle, l'homme, moyennant l'abandon d'une certaine partie des revenus de sa terre, d'un certain nombre de journées de travail, se possède soi-même, ainsi que la terre qu'il cultive ou les objets qu'il fabrique ; il n'est plus qu'un tributaire. Enfin, dans la quatrième période, que nous appellerons la période d'affranchissement, et qui commence au XIIIe siècle, on voit naître, avec un nouvel ordre dans l'état, une nouvelle constitution de l'industrie, ou plutôt on voit naître l'industrie elle-même. Le serf devient l'homme des métiers ; il travaille pour lui-même, perçoit pour lui-même et sa famille le prix de son labeur. Le noble n'est plus le maître absolu qui s'empare de tout ce qui se trouve à sa convenance ; ce n'est plus l'homme armé qui pille, c'est le consommateur qui paie. Les classes laborieuses, régies par des lois fixes, comptent pour la première fois parmi les forces sociales.

Comment s'était opérée la transition du travail servile au travail affranchi et salarié ? Comment s'étaient formés ces corps de métiers qui apparaissent en France au XIIe siècle constitués comme des associations déjà anciennes ? C'est ce qu'on ne peut déterminer d'une manière précise. Ce qu'il y a de positif, c'est que, dans les derniers temps de l'empire romain et dès le règne de Dioclétien, les associations d'ouvriers libres étaient nombreuses et puissantes, qu'elles s'administraient par elles-mêmes, et qu'elles travaillaient à leur profit, imposant même quelquefois aux consommateurs des conditions tellement onéreuses, que le pouvoir impérial crut devoir tarifer les salaires et le prix des objets de fabrication. Un grand nombre de ces sociétés d'artisans ou de marchands se maintinrent, au milieu des ravages de l'invasion, dans les vieux municipes gallo-romains, et l'association entre des hommes unis par une communauté d'intérêts, de travaux et de souffrances, fut encore favorisée par les mœurs barbares et le souvenir des ghildes germaniques. Les liens de famille, la nécessité pour toutes les forces privées de se chercher et de se soutenir en l'absence d'une force publique organisée, contribuèrent, autant et plus peut-être que les traditions romaines ou germaniques, à réunir dans une même agrégation les hommes qui se livraient à une même industrie. Des travaux, des besoins analogues durent nécessairement rapprocher les individus auxquels ces travaux et ces besoins étaient communs, et ces individus s'associèrent non-seulement pour s'aider, mais encore pour se défendre contre l'envahissement des intérêts qui leur étaient étrangers. Le christianisme, en réhabilitant le travail, en l'imposant tout à la fois comme un devoir, comme une épreuve, comme une expiation, favorisa aussi puissamment le mouvement ascensionnel des classes asservies, en même temps qu'il développa, par le dogme de la charité et de la fraternité évangéliques, les tendances à l'organisation corporative, qui, par malheur, échappa trop vite à l'influence chrétienne pour retomber sous le joug des intérêts. Après avoir proclamé la dignité morale du pauvre et de l'ouvrier, après avoir préparé dans l'affranchissement des serfs la liberté collective par la liberté individuelle, le christianisme sauvegarda l'industrie naissante en plaçant chaque métier sous le protectorat d'un saint. Défendue d'un côté par *l'immunité ecclésiastique*, de l'antre par les chartes de commune, la race affranchie des artisans remplaça peu à peu la race servile. En se groupant dans les villes, uniques centres de l'industrie au moyen-âge, elle forma dans l'état un ordre nouveau, et de ce mouvement de concentration sortit bientôt la révolution communale faite par les classes industrielles et à leur profit. Ici le progrès est incontestable, et l'on n'a plus à discuter cette période de notre histoire ; souverainement jugée par M. Augustin Thierry ; même, parmi les écrivains qui se montrent le plus disposés à faire le procès de notre époque, il en est quelques-uns, M. Robert du Var, par exemple, qui sont forcés de reconnaître, dans la condition des classes laborieuses, une constante évolution vers le bien, ce qui ne les empêche pas de retrouver, dans les éventualités de la concurrence, *les chaînes de l'esclavage antique* et la *glèbe du serf du moyen-âge* : contradiction singulière, mais inévitable pour l'écrivain de parti, qui, malgré l'évidence des faits, reste obstinément attaché à un système absolu.

Les corporations, dans le chaos de leur constitution première, n'eurent d'autres règles que des usages nés des besoins et des exigences du moment. Louis IX, le premier, sentit la nécessité de leur donner des lois écrites, de les soumettre à une police active et vigilante. Par son inspiration et sous ses yeux mêmes, le prévôt de Paris, Étienne Boileau, dressa pour la capitale un code industriel, dont le texte fut soumis à l'approbation exclusive des gens de métiers convoqués en assemblée générale ; il résulta de là que chaque métier, arbitre souverain de sa propre loi, fit constamment prévaloir son intérêt particulier sur l'intérêt général ; mais, quoi qu'il en fût de cet inconvénient, Louis IX et le prévôt de Paris atteignirent une partie du but auquel ils tendaient, et ce but, c'était, d'une part, de réprimer les désordres, les exactions et les fraudes qui déshonoraient l'industrie ; de l'autre, d'assurer aux gens de métiers toute sécurité pour leurs biens et pour leurs personnes, en les plaçant sous la double sauvegarde du pouvoir royal et de l'association. Le recueil des textes législatifs dressés par Boileau servit de modèle ou de guide à la plupart des villes du royaume.

Sous l'empire de cette législation nouvelle, qui ne faisait que consacrer en bien des points des usages préexistants, chaque métier forma comme un groupe à part, uni entre tous ses membres par les liens d'une association puissante, mais complètement distinct de tous les autres métiers. Chaque groupe fut investi du droit de fabriquer ou de vendre tel ou tel objet, mais sans pouvoir franchir, pour la fabrication ou la vente, les limites qui lui avaient été assignées. La corporation occupa dès-lors dans la commune une place analogue à celle que la commune occupait dans l'état. Circonscrite et isolée comme elle, elle chercha dans des lois particulières les garanties, l'ordre qu'elle ne trouvait point encore dans le droit public. Elle prit pour emblème cette devise : *Vincit concordia fratrum* ; mais elle offrit cela de particulier, que, née de la démocratie et se développant contre le système féodal, elle s'organisa féodalement. Elle eut comme la noblesse ses privilèges, sa hiérarchie, son organisation militaire, son blason, et, dans ce monde où l'inégalité était partout, où des barrières infranchissables séparaient toutes les castes, elle créa des castes parmi les travailleurs eux-mêmes, et constitua, à côté de la féodalité nobiliaire, une féodalité nouvelle, celle de l'industrie.

Désignés sous le nom de *statuts, règlements, brefs, ordonnances,* les monuments de notre ancienne législation industrielle se divisent en deux catégories principales, comprenant : l'une, les actes émanés des corps de métiers eux-mêmes ou des échevinages ; — l'autre, les actes émanés de la couronne et des grands pouvoirs de l'état.

En ce qui touche les actes émanés des corps de métiers, on y trouve jusqu'à la fin du XIVe siècle l'application la plus large du principe démocratique et l'exercice du pouvoir législatif restreint aux limites d'une profession. Ce sont les artisans eux-mêmes, ou les marchands réunis en assemblée générale, qui discutent les dispositions de leurs statuts et qui en arrêtent la rédaction ; ces statuts, il est vrai, pour prendre force de loi, restent soumis, suivant les temps et les lieux, à l'approbation des échevinages, des juges royaux ou féodaux, à celle des parlements ou des rois ; mais, du XIIIe au XVe siècle, cette approbation ne fut jamais contestée, parce qu'on partait de ce principe que les artisans ou les marchands qui avaient rédigé les statuts étaient mieux que personne en état de juger ce qu'il y avait de convenable.

En ce qui touche les actes émanés de la couronne, on peut dire qu'ils ne diffèrent en rien, et surtout dans les premiers temps, de l'esprit général des statuts rédigés par les métiers eux-mêmes. Ces actes, rares à l'origine, vont se multipliant et se généralisant de plus en plus au fur et à mesure que l'administration se centralise. Du XIIIe au XVIe siècle, ils ne s'appliquent, comme codes particuliers, qu'à de certaines industries dans certaines villes ; mais, du XVIe siècle jusqu'à la révolution, on trouve un grand nombre d'édits réglementaires qui soumettent le même métier à une même police dans toute l'étendue du royaume.

Les corporations d'une part, les rois de l'autre, voilà donc au moyen-âge les législateurs les plus directs de l'industrie. Toutefois, dans le morcellement immense de l'ancienne monarchie, il était difficile que tout marchât d'un même pas et fût soumis à une règle uniforme ; aussi retrouvons-nous dans le droit industriel la même confusion que dans le droit coutumier.

Dans les villes ou dans les portions de ville placées sous le régime féodal, le possesseur du fief était considéré comme le maître des métiers : c'était de lui qu'on achetait le droit d'exercer une profession, d'ouvrir une boutique, d'établir des étaux. L'industrie dans les localités de cette espèce n'était donc qu'une véritable inféodation, et à ce titre elle restait chargée d'une foule de droits onéreux. Les évêques, les abbés, les doyens, les officialités avaient aussi quelquefois sous leur dépendance certains corps d'artisans ; il en était de même de plusieurs ordres religieux ; c'est ainsi qu'au XVIIIe siècle les ouvriers en fer de Caen devaient faire approuver leurs statuts par le chapitre général de l'ordre des prémontrés.

Dans les villes de loi, c'est-à-dire dans celles qui avaient une charte de commune et qui étaient administrées par des magistrats à la nomination du peuple, le gouvernement et la police des métiers appartenaient en dernier ressort aux échevinages, et, à l'origine même de la création des communes, les officiers municipaux exerçaient sur l'industrie une autorité souveraine. Il suffisait pour que les statuts eussent force de loi qu'ils fussent transcrits sur les registres des échevinages. Peu à peu cependant les magistratures urbaines s'effacèrent devant la couronne ; il fallut, pour que les règlements adoptés par les échevinages fussent exécutoires, d'abord la sanction des officiers royaux, puis la sanction directe de la royauté octroyée par lettres patentes registrées dans les cours souveraines.

À Paris, le régime était tout-à-fait exceptionnel, et la haute juridiction se partageait entre le roi, les grands officiers de la couronne, le prévôt des marchands, le prévôt de Paris et le parlement. Les grands officiers pouvaient vendre, en vertu de la délégation royale, le droit d'exercer les métiers correspondants aux charges qu'ils remplissaient à la cour, et, de plus, surveiller ces mêmes métiers. Ainsi le panetier du roi avait la juridiction des boulangers, l'échanson celle des marchands de vin ; le métier de cordonnier s'achetait du chambellan du roi et du comte d'Eu, par suite de l'abandon que saint Louis en avait fait à ces deux personnages. La connaissance des affaires contentieuses était attribuée au prévôt de Paris, et celle de l'administration de la police dans ses rapports avec la politique au prévôt des marchands, qui était en réalité le chef de l'édilité parisienne et comme le proconsul de la bourgeoisie.

Au-dessus des divers pouvoirs que nous venons d'énumérer, au-dessus de l'église, de la féodalité, des communes, à Paris et dans toute la France, se plaça peu à peu la royauté comme régulatrice souveraine et même comme maîtresse absolue ; car, dans le moyen-âge, où la contradiction éclate sans cesse entre les principes, la couronne, tout en respectant à l'origine la constitution démocratique des corporations, tout en leur laissant le plus souvent l'initiative de leurs propres lois, n'en déclara pas moins que le droit du travail résidait en elle-même, comme un *droit royal et domanial*, et les rois, en vertu de cet axiome, dérogèrent au droit commun aussi largement qu'ils le jugèrent convenable. Ils vendirent, pour une somme une fois payée ou pour une redevance annuelle, le droit d'exercer telle ou telle profession. Ils aliénèrent ce même *droit* en faveur de ceux qu'ils voulaient enrichir, créèrent des maîtres en titre d'office, substituèrent dans la police des charges vénales aux charges électives, s'arrogèrent une part dans les amendes et établirent au profit du fisc une foule de redevances onéreuses. On peut même dire que la loi du progrès, en ce qui touche la liberté industrielle, est complètement intervertie. Charles V est plus avancé que François Ier, François Ier plus avancé que Louis XIV. La royauté, dans les premiers temps, se montre toujours bienveillante pour les corporations, sans doute parce qu'elle trouve en elles un utile contrepoids à la puissance féodale ; plus tard, quand ces corporations se sont élevées et enrichies en raison directe de l'affaiblissement de la féodalité, la couronne ne voit plus en elles qu'une matière imposable et les traite souvent avec une dureté extrême.

Les prétentions contradictoires des pouvoirs qui se disputaient l'administration de l'industrie, la variété de ces pouvoirs, créaient souvent des différences fort notables dans la condition des classes laborieuses, en même temps qu'elles donnaient lieu à d'interminables procès. De plus, à l'époque même où le système des corporations était dans toute sa vigueur, ce système n'était point universel et absolu, et, malgré les efforts tentés par les rois à diverses reprises, principalement dans le XVIe et le XVIIe siècle, pour forcer tous les artisans à s'organiser en maîtrises, il y eut jusqu'aux derniers temps, et souvent dans les mêmes villes, des jurandes, c'est-à-dire des corporations où l'on entrait sous la foi du serment, en payant des droits, en faisant l'apprentissage et le chef-d'œuvre, et des métiers libres que chacun pouvait exercer sans formalités préalables. Il y eut de même des villes libres et des villes jurées. Il arrivait de là que dans les métiers organisés, dont l'accès était difficile et coûteux, le nombre des travailleurs ne se trouvait pas en rapport avec les besoins de la consommation, tandis qu'il y avait encombrement dans ceux où régnait la liberté. Telle était pourtant la salutaire influence de ce dernier régime que, malgré l'encombrement, les métiers libres étaient beaucoup plus prospères, et, comme exemple, il suffit de citer à Paris le faubourg Saint-Antoine, dont la population, sous l'ancienne monarchie, ne fut jamais soumise au système des maîtrises ou des jurandes. C'est là un fait incontestable, qu'un grand nombre d'écrivains se sont cependant obstinés à nier en prenant, ainsi que l'a fait M. l'abbé Gaume, des lois oppressives pour des lois protectrices, et le système corporatif, qui menait droit au monopole, pour l'application la plus large de la fraternité chrétienne.

II – La hiérarchie des métiers – L'apprentissage et la maîtrise – Le compagnonnage.

De quelque source qu'ils émanent, les statuts des corporations, très variés dans le détail, présentent tous un cadre uniforme, et chacun de ces règlements offre pour la corporation qu'il concerne un code distinct et complet qui fixe tout à la fois les attributions du métier, la condition des personnes, l'emploi des matières premières, la police de la fabrication et celle de la vente. Malgré le changement des temps et les besoins nouveaux que fait naître le développement de la civilisation, ces statuts, à la distance de plusieurs siècles, restent toujours les mêmes quant à l'esprit général, et c'est là surtout qu'on retrouve cette immobilité, cette répulsion vive contre toute innovation qui forme l'un des traits caractéristiques des institutions du moyen-âge. Un grand nombre de corporations furent longtemps gouvernées par des règlements qu'elles ne pouvaient, à cause de leur date, ni lire ni comprendre, et à Paris, dans le XVIIIe siècle encore, quelques-unes étaient régies par les ordonnances du prévôt des marchands. On peut donc, en bien des points, faire abstraction de la différence des dates, quand il s'agit d'analyser ces curieux monuments de notre ancien droit industriel. Voyons d'abord ce qui concerne la condition des personnes.

Dans toutes les professions, on trouve quatre classes distinctes : les maîtres, les apprentis, les compagnons et les veuves. Au sommet de la hiérarchie sont placés les maîtres, c'est-à-dire les artisans qui avaient reçu l'investiture du métier par la *maîtrise*, et qui pouvaient travailler pour leur compte et faire travailler des ouvriers. Il fallait, pour être maître, professer la religion catholique, être enfant légitime, sujet du roi de France, quelquefois même natif de la ville où l'on voulait s'établir. Le libre exercice de l'intelligence et de la force se trouvait ainsi subordonné au hasard de la naissance, le droit de vivre à une question de foi, et la société décrétait la misère en multipliant les exclusions.

L'apprentissage était le premier degré de la maîtrise ; venait ensuite le chef-d'œuvre exécuté sous les yeux des gardes ou examinateurs, reçu par eux, soit en présence des officiers royaux, soit en présence des magistrats municipaux, qui donnaient à l'admission une sanction définitive. Les épreuves étaient des plus rigoureuses, et laissaient prise néanmoins aux plus graves abus. Les examinateurs, pris parmi les maîtres, multipliaient souvent les obstacles pour restreindre la concurrence en limitant le nombre des membres de la corporation, en rendant l'acquisition de la maîtrise d'une difficulté presque insurmontable, en portant les droits à des taux exorbitants ; car les corporations qui s'étaient formées pour conquérir l'indépendance du travail, cette indépendance une fois acquise, s'étaient efforcées de monopoliser le travail à leur profit, justifiant ainsi cette parole de Dante : « Hélas ! vous êtes si faibles, qu'une bonne institution ne dure pas ce qu'il faut de temps pour voir des glands au chêne que vous avez planté. »

La confection du chef-d'œuvre durait souvent plusieurs mois, et l'aspirant qui l'avait exécuté devait quelquefois, pour en rester propriétaire, le racheter aux gardes. Lorsque ce chef-d'œuvre était refusé, l'aspirant recommençait une ou plusieurs années d'apprentissage ; lorsqu'il était admis, l'aspirant, devenu maître, devait, avant d'ouvrir son atelier ou sa boutique, payer un banquet à tous ses confrères, et de plus acquitter des droits qui, au XVe siècle, variaient de 5 sous à 12 livres, et qui furent successivement portés à un taux tellement exorbitant, que, dans le XVIIIe siècle, la somme totale de ces droits s'élevait annuellement pour toute la France à 13 millions de francs, qu'il fallait prélever sur le prix de vente des divers objets de fabrication. La maîtrise ainsi constituée présentait, par les épreuves exigées de ceux à qui elle était conférée, certaines garanties aux consommateurs ; mais, en limitant la production, elle devait nécessairement élever le prix de la main-d'œuvre. Elle assurait, par le privilège et la concurrence restreinte, d'incontestables avantages aux artisans qui en étaient investis, et même une existence plus stable, moins exposée aux crises qui frappent l'industrie moderne. Néanmoins, en constituant le monopole, elle finissait par tourner au détriment général, et elle créait parmi les classes laborieuses une véritable aristocratie qui finit par s'emparer du travail et, de la police administrative des corporations. À côté de cette maîtrise légale, qui s'acquérait par l'apprentissage et le chef-d'œuvre, c'est-à-dire par le surnumérariat et la capacité, il y avait encore ce qu'on pourrait appeler la maîtrise privilégiée et la maîtrise fiscale. Les rois, les plus proches parents des rois, les princes étrangers à leur passage en France, les premiers magistrats des échevinages, pouvaient, en certaines circonstances solennelles, créer des maîtres en les dispensant du chef-d'œuvre et de l'apprentissage. C'était là dans l'origine un don purement gratuit, une sorte de charité, une utile dérogation l'esprit exclusif de la loi industrielle ; mais, à partir du règne de Henri III, la création des maîtrises fut exploitée par le pouvoir royal comme une ressource financière, et donna lieu, principalement sous le règne de Louis XIV, à de nombreuses exactions. Les corps de métiers, pour empêcher l'adjonction de nouveaux venus, rachetèrent souvent, sous des noms empruntés, les maîtrises royales, ou forcèrent par des procès ruineux ceux qui les avaient acquises à s'en dessaisir. Il y eut ainsi dans les corporations deux classes distinctes perpétuellement en lutte, arrivées à la propriété du métier l'une par l'apprentissage et le chef-d'œuvre, l'autre exclusivement par l'argent ; mais dans l'un ou l'autre cas les droits acquis n'étaient pas toujours respectés. Le travail étant considéré comme un droit royal et domanial, la propriété des maîtrises resta constamment sous le coup de l'arbitraire le plus tyrannique. En 1623, un édit royal déclara offices domaniaux et sujets à revente les plus humbles métiers. En vertu de cet édit, il fut arrêté que tous les possesseurs de ces offices se rendraient à Paris pour payer la somme à laquelle ils seraient taxés, et que, faute par eux de se soumettre à cette injonction, leurs métiers seraient revendus. Cet édit atteignit à Rouen seulement plus de quatre mille individus, sur lesquels un grand nombre gagnaient à peine deux ou trois sous dans une journée entière, et occasionna dans cette ville, comme dans la plupart des grands centres industriels, une agitation très vive.

Au second degré de la hiérarchie, nous trouvons l'apprentissage. L'apprenti comme le maître devait être enfant légitime et professer la religion catholique ; il devait de plus, en certains lieux, donner *vraye cognoissance de sa personne*, prouver qu'il n'était ni *rogneux* ni *raffleur*, et qu'il n'avait jamais été repris de justice. Le nombre des apprentis étant limité pour chaque métier, et chaque chef d'atelier ne pouvant ordinairement en occuper qu'un seul à la fois, ceux-ci n'étaient point libres de choisir leurs maîtres, et ils étaient souvent forcés d'attendre longtemps avant de trouver à se placer. La durée de l'apprentissage, qui variait depuis un an jusqu'à dix, était la même pour l'ouvrier actif et d'une conception facile et l'ouvrier paresseux, maladroit et dépourvu d'intelligence, pour les métiers les plus simples et les métiers les plus difficiles, car elle se réglait avant tout sur l'intérêt des maîtres, qui la prolongeaient bien au-delà du temps nécessaire, afin de garder près d'eux des ouvriers qu'ils ne payaient pas ou qu'ils ne payaient que faiblement. Outre les droits qu'il acquittait à son entrée dans la corporation, l'apprenti était quelquefois astreint à fournir un cautionnement. Il devait à son chef, et cela sans aucun salaire, tout son temps, tout le profit de sen travail et même, en cas de maladie, une indemnité pécuniaire. S'il le quittait sans motif légitime, il perdait tout le temps qu'il avait passé près de lui ; s'il se rendait coupable d'une faute grave, il était chassé du métier et par cela même privé de la faculté de travailler. La dépendance des apprentis était quelquefois si grande, qu'à Paris, en 1384, dans certaines professions, en cas de décès du maître, la veuve ou les héritiers pouvaient louer l'apprenti, l'engager et même le *vendre à d'autres.* Ces conditions étaient rigoureuses sans doute, mais il est juste de reconnaître qu'elles avaient leur bon côté, car l'apprentissage n'était pas seulement une affaire d'habileté pratique, mais aussi une épreuve morale, un essai de la vocation comme le noviciat monastique. Le jeune homme qui entrait dans le métier sous la foi du serment jurait de sauvegarder l'honneur et les intérêts de la famille de son maître. Surveillé par les gardes, il était tenu, pour avoir plus tard le droit de gagner sa vie, de rester honnête et probe, et il devait nécessairement contracter de bonne heure des habitudes laborieuses et se plier à une conduite régulière. Tout ce que nous avons fait de nos jours pour l'enfance et la jeunesse, c'est de limiter le travail de chacun à la force de ses bras ; plus prévoyantes et plus sages en tout ce qui touche la dignité de l'homme, les lois du passé cherchaient, quand l'ouvrier, tout jeune encore, avait franchi le seuil de l'atelier, à le défendre contre le vice : c'était aussi le défendre contre la misère.

Les fils de maître formaient, parmi les apprentis, une classe à part. La durée de leur apprentissage était moins longue, les droits qu'ils payaient à leur entrée dans le métier moins élevés ; quelquefois même ils étaient dispensés du chef-d'œuvre. Le privilège de la naissance se trouvait donc ainsi consacré jusque dans les rangs les plus obscurs. On avait vu des nobles donner à leurs enfants en bas âge l'investiture des bénéfices ecclésiastiques ; on avait vu un comte de Vermandois placer son fils, âgé de sept ans, sur le siège archiépiscopal de Reims illustré par Hincmar ; les mêmes abus se produisirent dans la féodalité industrielle, et l'on vit des maîtres faire conférer, dès l'âge de quatre ans, la maîtrise à leurs fils.

À côté des apprentis, nous trouvons les compagnons, c'est-à-dire les ouvriers qui, ne pouvant ouvrir un atelier pour leur compte et avoir directement affaire au public, travaillaient en sous-œuvre pour le compte des maîtres. Le compagnonnage, dans quelques professions, complétait pour ainsi dire l'apprentissage, et alors ce n'était qu'un état transitoire, mais le plus généralement c'était une condition tout-à-fait permanente, une condition secondaire dans laquelle se trouvaient relégués pour toujours ceux qui, faute d'argent, n'avaient pu, l'apprentissage terminé, arriver à la maîtrise. Les compagnons étaient soumis au serment sous la foi duquel on exerçait le métier, à une épreuve de capacité et à quelques redevances en argent ; mais l'épreuve était plus facile que le chef-d'œuvre, et les droits moins élevés que ceux de la maîtrise. Ils pouvaient en quelques villes, et par un privilège fort rare d'ailleurs, travailler en chambre pour leur propre compte, mais il ne leur était point permis d'ouvrir une boutique ou d'employer d'autres compagnons. Le plus ordinairement ils se louaient soit pour un temps fixe, soit pour une besogne déterminée. Il fallait, pour qu'ils changeassent d'atelier, qu'ils fussent libres de toutes dettes, de tout service, et qu'ils prévinssent le maître un mois à l'avance quelquefois même ils ne pouvaient le quitter qu'après avoir obtenu son consentement formel, sauf quelques cas exceptionnels, tels que les voies de fait, le non-paiement des salaires et le manque d'ouvrage pendant un certain nombre de jours. Quiconque employait un compagnon engagé ou endetté vis-à-vis d'un autre maître était passible d'une amende ; quelquefois même il devait payer la dette. Cette dernière disposition a été consacrée de nos jours par la législation des livrets.

Écrasés par le monopole des maîtrises, les compagnons cherchèrent dans l'association les garanties que leur refusaient les lois. Ils s'organisèrent en vastes sociétés secrètes, se lièrent entre eux par des cérémonies mystérieuses et se placèrent sous la protection d'une légende biblique. À les en croire, Salomon, lorsqu'il fit construire le temple célèbre auquel il laissa son nom, rassembla de toutes les parties de l'Orient des maçons, des menuisiers et des couvreurs, qui travaillèrent sous la direction de l'architecte Hiram, et auxquels il donna, sous le nom de *devoir*, un code qui devint la règle du compagnonnage. Quoi qu'il en soit de cette légende, il est à peu près prouvé que déjà au XIIe siècle les tailleurs de pierre étaient, en France, organisés sous le titre d'*Enfants de Salomon* ; ils s'associèrent ensuite les menuisiers ainsi que les serruriers et forgerons. Une deuxième branche se plaça sous l'autorité des templiers : Jacques Molay, le dernier grand-maître de l'ordre, leur donna un *devoir* nouveau. Enfin un moine bénédictin, du nom de Soubise, fonda pour les *charpentiers de haute futaie* une troisième société, et de la sorte le compagnonnage se divisa en trois branches : *les Enfants de Salomon, les Enfants de maître Jacques, et les Enfants du père Soubise*. Cette division est encore celle qui existe de nos jours.

Comme toutes les institutions humaines, le compagnonnage avait ses avantages et ses inconvénients : d'une part, et c'était l'avantage, il établissait entre les affiliés une sorte de fraternité qui leur assurait quelques secours en cas de maladie ou de chômage, et les protégeait contre la tyrannie des maîtres ; mais d'autre part, et c'était là l'inconvénient, il faisait naître entre les divers métiers des rivalités souvent implacables, rivalités qui existent encore aujourd'hui, et, comme les confréries, il entraînait ses membres dans de graves désordres de conduite. Ces derniers faits sont formellement exprimés dans une *résolution* des docteurs de la Faculté de Paris, *résolution* promulguée en 1655, au sujet de certaines pratiques réputées superstitieuses et sacrilèges auxquelles donnait lieu l'affiliation au compagnonnage dans les métiers de cordonnier, tailleur d'habits, chapelier et sellier. « Les compagnons de ces métiers, disent les docteurs de Sorbonne, injurient et persécutent cruellement les pauvres garçons du métier qui ne sont pas de leur cabale. Ils s'entretiennent en plusieurs débauches, impiétés, ivrogneries, et se ruinent, eux, leurs femmes et leurs enfants, par les dépenses excessives qu'ils font dans le compagnonnage, parce qu'ils aiment mieux dépenser le peu qu'ils ont avec leurs compagnons que dans leurs familles. » Deux siècles nous séparent de la *résolution* des docteurs de la Faculté de Paris, et de nos jours les mêmes abus ont déshonoré trop souvent une institution qui, soumise à une discipline plus sévère, peut donner des fruits utiles.

L'esprit d'accaparement et d'exclusion était porté si loin dans les statuts industriels, que les femmes se trouvaient constamment repoussées des travaux même les plus convenables à leur sexe, et, il faut le dire, les traditions de cet esprit, en ce qui touche les femmes, sont loin d'être effacées parmi nous. Sur cent métiers énumérés par Étienne Boileau, trois seulement leur sont réservés ce sont ceux des *fileresses de soie à grands fuseaux*, des *fileresses de soie à petits fuseaux* et des *fabricantes de chapeaux d'orfrois*. Cet ostracisme injuste fut maintenu jusqu'à la révolution française, et Turgot, dans le célèbre édit de 1776, accuse avec raison les lois qui depuis le XIIIe siècle régissaient l'industrie « de condamner les femmes à une misère inévitable, de seconder la séduction et la débauche. » Elles ne figurent en effet dans les statuts que comme filles ou comme veuves de maîtres. La maîtrise n'étant héréditaire qu'en ligne masculine, le seul avantage dont elles jouissent, comme filles, est de dispenser des droits de chefs-d'œuvre et de réception les apprentis ou les compagnons qu'elles épousent.

Comme mères, comme veuves, elles sont en général fort rigoureusement traitées. Il leur est permis dans le veuvage de tenir ouvroir et de faire travailler des compagnons ou valets, mais à la condition expresse qu'elles resteront veuves. Lorsqu'elles épousent en secondes noces un homme étranger à la profession de leur premier mari, elles sont déchues de leurs droits, ainsi que leurs enfants du premier lit. On punit donc du même coup le mariage et la naissance ; quelquefois même elles sont également déchues, quand l'aîné de leurs fils est en âge d'exercer pour son compte.

III. – Les privilèges et les lois de la fabrication. – Le taux des salaires.

Sous l'empire de cette organisation, chaque artisan, on le voit, est pour jamais immobilisé à la place que lui a faite la hiérarchie du métier. Ceux qui sont inféodés à cette hiérarchie n'en peuvent sortir, personne n'y peut pénétrer du dehors, et chaque association n'est en réalité qu'un monopole. La défense d'exercer plus d'une industrie à la fois est, pour ainsi dire, universelle et sans exception, et souvent le même métier se partage en plusieurs branches, complètement isolées les unes des autres, quoique à peu près semblables. Ainsi, les cordonniers qui travaillent les cuirs neufs sont distincts des savetiers ou *sueurs de vieil*, qui raccommodent la chaussure et emploient de vieux cuirs. Les armuriers qui font la lame des épées ne peuvent fabriquer les boucles des ceinturons, les garnitures des fourreaux. Les chirurgiens-barbiers rasent et pansent les plaies qui ne sont point mortelles. Le pansement des plaies qui peuvent entraîner la mort est réservé aux chirurgiens de robe longue, mais il leur est défendu de raser. Au sein d'une pareille organisation, ce n'était, pour ainsi dire, que par hasard que le talent et l'aptitude pouvaient trouver leur véritable voie. Un grand nombre de capacités étaient mal employées, un nombre plus grand encore restaient perdues faute d'emploi. De plus, le morcellement des diverses industries, la difficulté de déterminer nettement les attributions de chacune d'elles, donnaient lieu à une foule de procès ruineux dont quelques-uns duraient souvent plusieurs siècles. Les tailleurs plaidaient contre les fripiers, les fripiers contre les marchands de draps, les corroyeurs contre les tanneurs ; les libraires étaient en querelle avec les merciers, qu'ils voulaient contraindre à ne vendre que des almanachs et des abécédaires, etc. Ces procès interminables et très dispendieux étaient soutenus aux frais des corporations, et l'on a calculé que, dans les deux derniers siècles, ils coûtaient, aux communautés de Paris seulement, plus d'un million chaque année.

Aux causes déjà si nombreuses de rivalités et de discorde que faisait naître la difficulté de poser nettement entre chaque spécialité une limite précise, s'ajoutaient encore les privilèges. Les corporations les plus florissantes et les plus riches occupaient, dans les villes principales, la même situation que ces villes occupaient dans l'état, et jouissaient comme elles de franchises et d'exemptions. Les six corps de métiers de Paris rappelaient les grandes corporations de Florence connues sous le nom d'*arti-maggiori*, et, de même que ces corporations formèrent la haute aristocratie florentine, de même les six corps de métiers formaient à Paris la haute aristocratie municipale. Il y avait en outre des artisans et des marchands qu'on désignait sous le titre de *privilégiés suivants la cour*, et qui seuls travaillaient pour le roi et les grands officiers. Les orfèvres, qui gardaient les joyaux de la couronne ; les cordiers, qui fournissaient à la justice des cordes pour les supplices ; les monnayeurs, les verriers étaient surtout favorablement traités, et ceux qui exerçaient ces professions étaient souvent, comme l'église et la noblesse, exemptés de certaines charges publiques, telles que le guet, le ban et l'arrière-ban, le logement des gens de guerre et même les impôts ; mais le fisc ne perdait jamais ses droits. Restreintes entre un plus petit nombre de contribuables, les charges n'en devenaient que plus lourdes, et l'aisance, la sécurité des classes admises aux privilèges, étaient cruellement rachetées par la misère de celles qui ne pouvaient y participer.

Les privilèges ! ce fut là, par une déplorable erreur, le seul moyen que les rois les mieux intentionnés eux-mêmes, Henri IV ou Louis XIV, les ministres les plus habiles, Sully ou Colbert, employèrent constamment pour favoriser la prospérité du royaume. Égarés dans la voie fatale du monopole et de l'exclusion, ils plaçaient en dehors du droit commun les industries dont ils voulaient favoriser le développement. Ils agissaient de même à l'égard des industries étrangères qu'ils cherchaient à fixer dans le pays. L'histoire a justement loué Louis XIV des efforts qu'il a tentés pour mettre la France en état de se suffire à elle-même et pour l'élever au premier rang des nations commerçantes. L'établissement des manufactures royales comptera toujours parmi les gloires de son règne ; mais ce qu'on n'a point suffisamment remarqué, c'est le tort considérable qu'elles occasionnèrent aux petits fabricants. Les fabriques qui pouvaient leur faire concurrence étaient mises en interdit dans un rayon déterminé autour des lieux où elles s'établissaient. Ces manufactures avaient, outre d'importantes franchises de droits et des avances considérables en argent, un privilège pour l'achat des matières premières, un privilège pour la vente, le droit exclusif d'employer certains procédés de fabrication, et on allait souvent jusqu'à défendre aux consommateurs d'user d'autres produits que ceux qui sortaient de leurs ateliers. Le grand roi avait, pour ainsi dire, organisé la tyrannie des perfectionnements. Jamais, sous l'ancienne monarchie, les arts technologiques ne firent de plus rapides progrès ; jamais aussi, par une triste compensation, la misère ne fut plus grande parmi les classes ouvrières, et peut-être cette misère de l'homme et ce progrès de l'art découlaient-ils de la même source, c'est-à-dire du despotisme auquel tous deux étaient soumis.

Ainsi, de quelque côté que l'on envisage, sous l'ancien régime, l'histoire de notre industrie dans son organisation économique, — nous parlerons plus loin de l'organisation religieuse, on n'y trouve que privilège, monopole, exclusion. Chacun est enfermé non-seulement dans sa profession, mais encore dans un grade distinct, et chaque profession elle-même est enfermée dans chaque ville. Chassé par la famine, la guerre ou le manque d'ouvrage, des lieux où il avait fait son apprentissage, où il s'était établi avec sa famille, l'ouvrier ne pouvait, comme aujourd'hui, aller librement chercher du travail là où il espérait en trouver, car le droit de travailler s'achetait, comme la bourgeoisie, par un impôt, une résidence plus ou moins prolongée, ou la participation pendant un certain temps aux charges publiques. Le domicile légal était appliqué dans toute sa rigueur à l'exercice des métiers. Jusqu'à la fin du XVIe siècle, les maîtres ou compagnons qui passaient d'une ville dans une autre pour s'y fixer étaient souvent obligés de recommencer l'apprentissage ou le chef-d'œuvre. Ils ne pouvaient s'établir dans des villes étrangères sans l'autorisation des magistrats municipaux et le consentement, des corporations elles-mêmes. Cette autorisation était presque toujours refusée par crainte de la concurrence, et on ne l'accordait que dans des cas tout-à-fait exceptionnels, par exemple, quand les forains apportaient avec eux une industrie nouvelle, ou quand les villes dépeuplées voulaient appeler de nouveaux habitants dans leurs murs. Ces villes alors proclamaient la liberté du commerce ;

mais, quand la prospérité publique s'était ranimée, on en revenait vite aux anciennes habitudes. Les rois furent souvent contraints de protester au nom du droit et de l'humanité contre ce déplorable égoïsme, et d'assurer un asile et du pain à des populations flottantes, en les faisant participer, par un acte d'autorité souveraine, aux privilèges des villes florissantes ; mais cet établissement n'était que temporaire et limité par l'autorisation même en vertu de laquelle il avait lieu. Cette exclusion des forains fut, au moyen-âge, l'une des principales causes de cette jacquerie permanente de pauvres dont le nombre augmenta sans cesse du XIVe au XVIe siècle, et qui devinrent pour le royaume un immense embarras. Traqués sans cesse par des guerres impitoyables et surtout par les guerres contre les Anglais, qui, dès le moyen-âge, avaient systématiquement organisé la destruction, les ouvriers, dépossédés de leurs maisons, de leur pécule, de leurs outils, étaient exclus par une législation égoïste des bénéfices du travail ; ils retombaient comme mendiants à la charge de la société, ou se trouvaient comme vagabonds sous le coup d'une pénalité cruelle qui leur faisait expier la misère que les lois elles-mêmes leur avaient faite.

Travailler chacun chez soi, chacun pour soi, et faire loyalement sa besogne, telle est la formule générale par laquelle on peut résumer les principales obligations professionnelles des artisans soumis au régime des corporations. *Travailler chacun chez soi, chacun pour soi*, c'est là une prescription singulière sans doute, et qu'on s'étonne de trouver appliquée à ces communautés fondées avant tout sur le principe de l'association ; mais cette prescription n'en est pas moins positive, et ceux qui l'enfreignaient s'exposaient à perdre leur état pour cause de monopole et de coalition. L'association des capitaux n'était permise que pour le grand commerce, exploité par les hanses ; elle était sévèrement interdite, ainsi que celle des bras, dans la moyenne industrie.

Faire loyalement sa besogne, c'est là une loi universelle et qui fut toujours rigoureusement maintenue. Ce n'est pas seulement l'artisan qui doit être probe, c'est la marchandise elle-même qui doit être *bonne et loyale*. La législation, lorsqu'elle s'occupe de prévenir les fraudes, semble s'inspirer de la morale sévère des casuistes; ici l'intérêt de la corporation est sacrifié à celui du consommateur. Les statuts règlent dans le plus grand détail la qualité des matières premières, quelquefois même leur provenance, et déterminent avec minutie les diverses opérations de la main-d'œuvre. Les fabricants de draps ne pouvaient, suivant les villes, employer que des laines de tel pays, de telle qualité, de tel prix. Les gardes des métiers examinaient les laines lorsqu'elles étaient en toison ; quand il s'agissait de les filer, de les teindre, de monter la chaîne, c'étaient encore de nouveaux examens. On ne pouvait employer dans chaque pièce d'étoffe qu'un nombre de fils déterminé. La longueur, la largeur des pièces, quelquefois même leur poids, étaient fixés d'une manière invariable, et, pour qu'il fût toujours possible de constater les contraventions, chaque ouvrier, chaque corporation, chaque ville avait sa marque particulière, qu'on apposait successivement sur chaque pièce d'étoffe avant la mise en vente. Les cordiers ne pouvaient filer en temps de pluie ou de brouillard ; les mégissiers, les corroyeurs, ne pouvaient acheter de peaux et les mettre en œuvre sans au préalable avoir *vu la bête*. On poussait même la précaution jusqu'à imposer quelquefois l'obligation de travailler sur rue dans des boutiques ouvertes, afin que chacun pût *voir et oïr les ostils*.

Les procédés de fabrication étant ainsi minutieusement déterminés à l'avance, il était difficile d'y introduire des perfectionnements, attendu que les innovations même les plus profitables étaient regardées comme une infraction et punies comme telles. Pour avoir le droit d'employer un procédé nouveau, une machine nouvelle, il fallut plus d'une fois recourir à l'autorité royale, et ceux qui par hasard faisaient des découvertes avaient soin de les cacher ou de les utiliser à leur profit, parce qu'ils craignaient les poursuites, l'amende, quelquefois même la perte de leur industrie. Ce qui se faisait en dehors de la prescription des statuts restait à l'état de science occulte, et, jusqu'au XVIIe siècle, les traités des arts mécaniques ont porté le titre de *secrets*. « Toute découverte relative à un art faite hors de la communauté qui en avait le monopole, dit avec raison M. Dunoyer, restait sans application. La communauté ne souffrait pas que l'inventeur en profitât à son préjudice, et toute découverte faite dans le sein même d'une corporation était également perdue. Les membres à qui elle n'appartenait pas, sentant qu'elle ne pouvait que nuire au débit de leurs propres produits, ne négligeaient rien pour la faire avorter. » Sans aucun doute c'est à cette haine contre toute innovation qu'il faut attribuer la perte d'une foule de découvertes sur lesquelles on n'a que des indications vagues, et qui sont restées comme ensevelies dans la barbarie du moyen-âge. De plus, toute industrie nouvelle qui exigeait le concours de plusieurs métiers se trouvait paralysée par les prétentions rivales de ces métiers, qui prétendaient s'en attribuer l'exercice exclusif. Ainsi, à une époque toute récente, quand la fabrication des tôles vernies s'établit en France, les vernisseurs, les serruriers, tous les gens qui travaillaient les métaux, la réclamèrent chacun pour soi, et, au milieu de ces contestations, personne ne pouvait exercer la nouvelle industrie. Il en fut de même des papiers peints, dont la fabrication fut simultanément disputée par les imprimeurs, les graveurs, les marchands de papiers et les tapissiers.

En présence de tant de mesures restrictives, la production était nécessairement très entravée ; mais ce n'était point tout encore. Les règlements apportaient au travailleur un nouveau préjudice en lui enlevant une partie de son temps, en paralysant ses bras par l'interdiction du travail de nuit et la stricte observation des jours fériés. La défense de travailler à la lumière, qui avait pour but d'assurer aux objets de fabrication une exécution plus parfaite, se trouve pour la première fois dans un capitulaire de Charlemagne, et elle fut rigoureusement maintenue jusqu'au XVIIIe siècle. Cette défense était d'autant plus désastreuse, qu'elle réduisait souvent le gain de près de moitié dans la saison même où l'ouvrier a le plus de peine à vivre. L'observation des jours fériés n'entraînait pas de moins graves abus. Le respect pour ces jours était si grand, que, dès le samedi, on cessait le travail de bonne heure comme pour se préparer à la solennité du lendemain. Dans quelques professions même, les ouvriers se reposaient un certain nombre de jours après les fêtes de Noël, de Pâques et de la Pentecôte. On ne pouvait déroger à cette loi du repos que dans le cas où le travail était pour le roi, l'église ou les morts. Les pâtissiers de Paris formaient seuls exception dans cette ville, — car, malgré la ferveur religieuse, les solennités chrétiennes restèrent toujours, comme les fêtes du paganisme, des jours de festin, *dies epulatœ* ; — mais, tandis que les pâtissiers travaillaient librement, les boulangers étaient contraints de chômer, et, par cette distinction qui montre toute l'imprévoyance du moyen-âge, on favorisait la production pour un objet de luxe, on l'interdisait pour un objet de première nécessité. Cette obligation du repos pendant les solennités de l'église remonte aux premiers temps de la monarchie, et on la trouve dans des édits de Childebert et de Gontran. À cette date, elle peut être considérée comme un bienfait pour les classes laborieuses, en ce qu'elle constitue en leur faveur une sorte de trêve de Dieu dans le servage ; mais, après l'affranchissement du travail, ce ne fut qu'une cause de ruine et de misère, et les abus furent poussés si loin, que le clergé prit quelquefois l'initiative de la suppression des jours fériés dans l'intérêt des classes ouvrières.

Après avoir soumis la fabrication à des règles invariables, après avoir déterminé dans l'année les jours de travail et les jours de repos, notre ancienne législation ne pouvait manquer de déterminer également pour chaque jour la durée du travail. Cette durée, par cela même qu'il était défendu dans la plupart des métiers d'*ouvrer* la nuit, était nécessairement réglée sur celle du jour. Le soleil levant et le soleil couchant marquaient à l'artisan le commencement et la fin de son labeur. Les ouvriers qui étaient le plus favorablement traités avaient par jour trois heures de repos, pendant lesquelles ils pouvaient sortir pour prendre leurs repas, se baigner et dormir ; mais c'était là une exception. Dans un grand nombre de villes, ils devaient rester dans l'atelier même pendant les moments de repos qui leur étaient accordés, et leurs femmes étaient obligées de leur apporter à manger. Une amende, dont le taux était en général au XVe siècle de 5 sous parisis, frappait ceux qui se mettaient trop tard à l'ouvrage ou qui prolongeaient leur travail au-delà du temps fixé. La besogne à la tâche, qui assure à l'artisan des profits en rapport avec son habileté, était à peu près inconnue, et l'homme actif, expérimenté, donnait pour le même prix le même nombre d'heures que l'ouvrier chétif et maladroit. La théorie de l'égalité des salaires régnait dans toute sa rigueur.

Dans les villes de quelque importance, le commencement et la fin du travail étaient annoncés à son de cloche. Ce droit d'avoir une cloche, soit pour convoquer les assemblées de la commune, soit pour appeler les artisans à leur ouvrage, constituait l'un des privilèges municipaux les plus notables du moyen-âge. C'était une délégation directe de la royauté. Il résultait de là que la cloche se trouvait en quelque sorte investie d'une autorité souveraine. C'était au nom du roi, au nom des magistrats municipaux, représentants de la couronne, qu'elle appelait les ouvriers. À Commines, et dans d'autres villes encore, ceux qui la sonnaient en contrevenant aux règles établies étaient punis de mort ; ceux qui n'obéissaient point à son appel étaient coupables, non pas d'un simple délit de police, mais d'une véritable rébellion. Les magistrats municipaux eux-mêmes, qui, de leur propre autorité et sans avoir consulté les gens de métier, changeaient les heures auxquelles la cloche devait sonner, s'exposaient à être traités comme violateurs de la loi. C'est là en effet ce qui arriva, en 1275, à Guillaume Pentecoste, maire de Provins, qui était alors une des principales villes *drapantes* du royaume. Pentecoste ayant de son autorité privée fait sonner une heure plus tard que de coutume la cloche des ouvriers drapiers, ceux-ci se portèrent en foule à sa maison et le mirent à mort. Le châtiment fut terrible comme l'émeute. La cloche avec laquelle les ouvriers avaient sonné le tocsin fut brisée, l'échevinage mis en interdit, les privilèges suspendus. L'église, qui s'était émue, comme la royauté, de ce crime populaire, excommunia le bourgeois qui avait succédé à Pentecoste dans le gouvernement de la ville ; le droit d'asile lui-même fut impuissant à protéger les coupables : les uns furent pendus, les autres bannis, et sur la tombe du maire assassiné on éleva une statue qui le représentait en habit de chevalier, un poignard dans la poitrine.

Le salaire du travail, comme sa durée, était fixé par des règlements empreints souvent de l'esprit le plus tyrannique. Ces règlements étaient, soit des statuts de métier, soit des ordonnances de police locale, soit enfin des édits royaux. Pour donner à de pareilles lois une apparence d'équité, il eût fallu maintenir toujours un parfait équilibre entre le salaire et le prix des objets de consommation ; mais la prévoyance des hommes du moyen-âge ne s'étendait pas jusque-là. La plupart des denrées étant tarifées, et ce tarif pouvant être modifié sans cesse par des pouvoirs différents les uns des autres, il arrivait souvent qu'on augmentait le prix de ces denrées sans augmenter le prix du travail. Les conditions s'en trouvaient ainsi brusquement changées, et l'ouvrier était exposé de par la loi à mourir de faim. Les ordonnances particulières de police, promulguées pour des localités restreintes, sous l'influence des besoins du moment, et avec une connaissance parfaite des ressources que présentait le pays, pouvaient, jusqu'à un certain point, concilier tous les intérêts ; mais il n'en était pas de même des édits royaux, qui s'étendaient à la France entière. Régler uniformément le salaire pour tout le royaume, c'était supposer que les conditions de la vie matérielle étaient les mêmes dans les grandes et dans les petites villes ; c'était supposer une égale fertilité au sol sur lequel étaient répartis les travailleurs, une constante uniformité dans la production agricole, une égale prospérité dans la production industrielle. Malgré les inconvénients d'une semblable législation, le pouvoir central, en France et en Angleterre, chercha longtemps, par des motifs qu'il est difficile de deviner, à la faire prévaloir. On trouve parmi les monuments de notre ancien droit un grand nombre d'édits royaux relatifs aux prix des journées de travail ; mais ces édits, instinctivement condamnés par la conscience des intérêts, furent éludés pour la plupart, et, malgré les prescriptions de la couronne, le salaire resta généralement fixé par le libre accord du maître et de l'ouvrier.

Quel était, suivant les temps et les lieux, le taux de ce salaire ? Ici se présente une série de difficultés que l'érudition, lorsqu'elle veut rester positive et sûre, ne doit aborder qu'avec une extrême réserve. Il faut en effet, pour arriver à un résultat précis, d'une part établir un rapport exact entre la valeur des anciennes monnaies et des monnaies modernes, et, de l'autre, répéter ce même rapport entre la journée de travail et le prix des denrées nécessaires à la vie ; mais on ne peut en général, dans ces matières fort obscures, juger que par approximation.

La question de la valeur relative de l'argent aux différentes époques de notre histoire a été souvent débattue par les érudits ; mais il nous semble qu'elle n'est point encore résolue et qu'elle ne le sera jamais. Cependant, en prenant pour base les évaluations de M. Leber, qui, venu le dernier, nous paraît avoir donné les explications les plus plausibles, nous croyons pouvoir poser les conclusions suivantes en ce qui touche les salaires, le prix des objets de consommation, et, par suite, la condition des travailleurs du moyen-âge : 1) le salaire était en général plus élevé qu'aujourd'hui ; 2) les denrées de première nécessité, dans les années ordinaires, n'étaient pas relativement plus chères qu'elles ne le sont pour nous.

Évidemment, d'après ces deux propositions, on est amené à conclure que la condition des classes laborieuses était au moins égale sous le rapport du bien-être matériel à ce qu'elle est aujourd'hui. Ce serait là cependant une grave erreur, et, malgré d'apparents avantages, ces classes étaient beaucoup plus malheureuses. Outre les vices de la législation, cela s'explique par la continuité des guerres, par l'irrégularité, quelquefois même par la cessation de la production agricole, production tellement incertaine, que le prix du blé varie souvent dans l'espace d'un demi-siècle de 34 francs à 184 francs le setier. Cela s'explique encore par la barbarie des mœurs, suite de l'ignorance et de l'asservissement politique, par la vicieuse répartition de l'impôt, par le monopole des maîtrises et des jurandes, par les droits onéreux dont était frappée l'industrie. Il faudrait tout un livre pour retracer le tableau des misères publiques dans ces tristes âges où la guerre, la famine et la peste, fléaux qui naissaient l'un de l'autre, dépeuplaient les villes et faisaient une solitude des campagnes. Aux XIVe et XVe siècles, on voit des bourgs de trois cents feux réduits à vingt en quelques année des populations entières meurent de faim ; d'autres sont dispersées, comme les habitants d'Harfleur et de Montivilliers, à qui le roi d'Angleterre ne laissa pour ressources, en les chassant de leur ville, que cinq sous et quelques vêtements par individu. Les impôts royaux, que la noblesse et le clergé rejetaient principalement sur les travailleurs de l'industrie et de l'agriculture, n'étaient pas moins redoutables que la guerre. Ces impôts, sous le règne de Charles VIII, étaient devenus tellement exorbitants, qu'on voit dans le *Cahier des états-généraux de 1483*, qu'à cette époque un grand nombre d'habitants s'étaient enfuis en Angleterre, en Bretagne et ailleurs. « Les autres, dit le même document, sont morts de faim à grand et innumérable nombre, et autres par désespoir ont tué femmes et enfants et eux-mêmes, voyant qu'ils n'avoient de quoi vivre, et plusieurs hommes, femmes et enfants, par faute de bêtes, sont contraints de labourer à la charrue au col. »

Outre les impôts royaux, les charges des corvées, les sujétions féodales, qui ne s'effaçaient jamais d'une manière complète, les ouvriers et les marchands, malgré l'affranchissement, devaient encore, dans le plus grand nombre des villes et bourgs qui avaient droit de commune, payer l'impôt de la liberté : cet impôt était quelquefois très lourd. M. Leber a calculé que dans la commune d'Arc-en-Barrois il s'élevait, pour chaque chef de famille, à une somme représentant 500 francs de notre monnaie, et à ce propos M. Leber dit avec raison : « L'indépendance conquise était si chèrement payée, que trop souvent elle devenait plus lourde que profitable aux affranchis, et l'on a plus d'un exemple de communes, même de villes, que l'énormité des charges de leur émancipation força de renoncer aux avantages réels qu'elles en tiraient. » La fiscalité était si féconde en inventions désastreuses, qu'on imposa à différentes reprises, entre autres par une ordonnance du 26 mai 1356, le salaire des ouvriers qui ne possédaient rien. « Tous ceux, est-il dit dans cette ordonnance, qui n'ont pas cinq livres de biens et qui tirent du travail de leur journée un salaire suffisant payeront une aide de cinq sols. Tous serviteurs et mercenaires qui gagnent, outre leur dépense, dix livres par an payeront dix sols. »

La royauté, sous l'ancien régime, se montra constamment fidèle à ce système d'exactions, ce qui fit dire à Guy-Patin qu'on finirait par établir un impôt sur les gueux pour leur laisser le droit de se chauffer au soleil. Qu'on ajoute à tant de causes de souffrances les vices contre lesquels, malgré leur sévérité, les lois civiles et religieuses étaient trop souvent impuissantes, l'ivrognerie et surtout la passion du jeu poussée jusqu'aux dernières fureurs, l'indifférence toujours persistante des grands pouvoirs de l'état pour l'amélioration du sort des classes laborieuses, et l'on comprendra combien cette condition était misérable et précaire. Aussi trouve-t-on dans l'histoire d'un grand nombre de villes au moyen-âge des traces très fréquentes d'émeutes et de coalitions. Ces soulèvements populaires où la barbarie des mœurs se montre dans son jour le plus triste, et qui procèdent ordinairement par le meurtre, le pillage et l'incendie, ont pour cause l'élévation des impôts et plus souvent encore pour but la diminution des heures de travail et l'augmentation des salaires. Ce qui se passe à Provins en 1324, à Châlons-sur-Marne en 1369, à Troyes en 1372, à Sens en 1383, à La Charité-sur-Loire en 1402, à Bourges en 1466, à Beauvais en 1554, montre combien étaient rudes dans ces âges reculés les labeurs, les privations et les mœurs des hommes de métier.

Au moyen-âge plus encore qu'aujourd'hui, les villes industrielles étaient promptes aux révoltes. Déjà, au XIIe siècle, Lyon arborait, avec Pierre Valdo, la bannière du communisme, et demandait, au nom de la fraternité évangélique, le partage des biens. Dans le XVIe siècle encore, cette ville était si vivement travaillée par l'esprit de sédition, que les consuls furent obligés de nommer dans chaque rue des magistrats militaires qui, sous le nom de quarteniers, étaient chargés de prévenir les soulèvements. C'est surtout avec la renaissance, au moment où, par le développement du luxe et l'extension du commerce international, l'industrie prend un plus grand essor, que les émeutes éclatent plus nombreuses et plus redoutables. Souvent elles se produisent par les mêmes causes qui agitent aujourd'hui nos grands centres manufacturiers.

En 1556, les ouvriers de Paris se révoltent contre l'hôpital de la Trinité, où l'on faisait travailler les enfants pauvres, comme ils se sont de nos jours révoltés sur plusieurs points de la France contre le travail des maisons religieuses ou des prisons. Ainsi nous voyons encore en 1545 la plupart de ces mêmes ouvriers, qui déjà avaient le monopole des objets de luxe, se mettre en grève pour forcer les maîtres à élever le taux du salaire. On fut contraint d'accéder à cette demande, et, par suite de l'augmentation, les ouvrages confectionnés dans la capitale atteignirent un prix tellement exorbitant, que l'industrie en fut longtemps paralysée.

Indifférentes au sort des classes laborieuses, étrangères aux plus simples principes de la science économique et à toute idée de progrès, les lois civiles dans le moyen-âge ne s'inquiétaient guère de prévenir les émeutes par de sages mesures et d'utiles améliorations. Elles laissaient à la religion le soin de soulager la misère, et, pour leur part, elles ne s'occupaient que d'étouffer ses cris.

Les soulèvements, les coalitions d'ouvriers, étaient réputés délits contre la majesté royale, contre le bien de la chose publique, et, comme tels, punis de mort ; on n'y voyait qu'un fait matériel, dont on ne recherchait point les causes morales, et, sous le coup de ces lois sans miséricorde, la révolte était toujours sans pitié.

IV. – Police et pénalité industrielle.

Strictement déterminée par les statuts des corporations, la pénalité était pour ainsi dire double, en ce qu'elle s'étendait aux personnes et aux choses, au fabricant et à l'objet fabriqué, frappant dans l'un la mauvaise foi, dans l'autre la mauvaise qualité. On appliquait tour à tour aux personnes, suivant les temps, les punitions corporelles, le bannissement, la prison, la perte du métier, l'amende. Les punitions corporelles les plus fréquentes étaient la mutilation du poing et la marque au visage avec le fer rouge. Cette pénalité barbare, consacrée par la législation de Louis IX, resta en vigueur jusqu'à la fin du XVe siècle, et fut appliquée principalement aux fraudes matérielles commises dans la fabrication ou à la contrefaçon des marques et poinçons qui servaient à estampiller, dans les villes, les produits de l'industrie locale. On ne se contentait pas de punir la fraude dans la personne de celui qui l'avait commise : la punition s'étendait quelquefois à tous les habitants de la ville où le coupable était né, où il exerçait son industrie ; ainsi, en 1410, un drapier de Saint-Omer, qui avait porté aux foires de Champagne des draps fabriqués dans cette ville et vendu ces draps pour un même prix, quoiqu'ils fussent d'une longueur différente, fut banni de ces foires sous peine de mort, et défense fut faite à tous marchands de Saint-Omer de s'y présenter à l'avenir.

La prison, la perte du métier, le bannissement, étaient appliqués surtout dans le cas d'infraction aux lois de la morale religieuse, lorsqu'il y avait, par exemple, calomnie contre un confrère, séduction, adultère, blasphème. Les amendes, infligées dans l'origine aux contraventions qui ne présentaient point un caractère frauduleux, remplacèrent peu à peu la prison et le bannissement. Peu considérables d'abord et uniquement perçues au profit des corporations et des communes, elles finirent par s'élever à un taux exorbitant, furent réclamées en partie par la royauté, et, quand la centralisation administrative fut constituée, elles offrirent une source abondante de revenus au fisc, qui les exploita comme un impôt régulier. Quant à l'exclusion du métier, elle fut maintenue jusqu'aux derniers temps.

La pénalité, avons-nous dit, atteignait aussi les marchandises. Tantôt on les confisquait ou plutôt on les séquestrait, car, une fois confisquées, ces marchandises ne rentraient plus dans le commerce ; tantôt on les détruisait, quelquefois même on les exposait au pilori. Les cierges et les bougies qui n'avaient point leur poids, les pots de cuivre, les plats et les vases d'étain défectueux, les ficelles, les cordages, les draps de mauvaise qualité, les habits mal faits, les bois mal équarris étaient écrasés, lacérés, brûlés. L'exécution des marchandises condamnées avait lieu, tantôt sur les places publiques, tantôt devant l'atelier ou la boutique du délinquant. Cet atelier, cette boutique, étaient même parfois punis comme complices de la fraude : on les démolissait ou on les murait. Il fallut bien du temps pour qu'on s'aperçût de l'absurdité de ce châtiment qui anéantissait des valeurs importantes et tournait en dernier résultat au détriment des consommateurs. Au XVIe siècle, on reconnut enfin que les *marchandises diffamées* (c'est le mot du temps) pouvaient encore être d'un utile usage ; on se contenta donc, au lieu de les brûler, de les soumettre à un rabais considérable en indiquant, par des marques particulières, ce qu'elles avaient de défectueux, et, sauf quelques cas exceptionnels, la destruction ne fut appliquée dès-lors qu'aux denrées alimentaires, ou à celles qui étaient prohibées à cause de leur provenance.

Chaque profession, ayant ses lois, sa pénalité distincte, devait nécessairement se trouver placée sous une juridiction particulière. Les officiers à qui cette juridiction était confiée portèrent, suivant les temps et les lieux, les noms d'*eswards, mayeurs de bannière, gardes, syndics, prud'hommes, maîtres* ou *jurés*. Dans les corporations qui se livraient au commerce, on les appelait maîtres ou gardes ; dans celles qui exerçaient une profession manuelle, on les appelait jurés : de là la distinction des maîtrises et des jurandes, c'est-à-dire des corporations de marchands et des corporations d'ouvriers.

Les jurés et les gardes visitaient les ateliers, les boutiques, vérifiaient les marchandises, les poids et mesures, apposaient les sceaux et marques, présidaient à la réception des apprentis et des maîtres, constataient les contraventions, opéraient les saisies, levaient les amendes, et faisaient la répartition des impôts que les communautés percevaient à leur profit. Ils réglaient en outre les affaires contentieuses, administraient les biens de la corporation, comme les tuteurs administrent ceux de leurs pupilles, et chaque année ils rendaient compte de leur gestion, dont ils restaient, pendant un certain temps, solidairement responsables. Les fonctions de gardes ou de jurés étaient obligatoires : ceux qui avaient été désignés pour les remplir devaient les accepter sous peine d'amende, quelquefois même sous peine de perdre le métier ; car c'était un principe général dans notre ancien droit, que nul ne pouvait se soustraire aux charges honorifiques, quand l'exercice de ces charges se rattachait à un objet d'utilité publique, et surtout quand il était conféré par l'élection.

Les jurés étant choisis parmi les gens de chaque métier, les artisans avaient l'avantage d'être jugés par leurs pairs ; mais, en laissant aux officiers de la police industrielle une part assez forte des amendes et des confiscations, les statuts ne les encourageaient que trop à une sévérité excessive, et l'ouvrier qui faisait sa besogne en conscience restait exposé à une foule de mesures vexatoires, ceux qui devaient contrôler et juger son œuvre étant directement intéressés à la condamner. Les jurés, il est vrai, ne jugeaient point toujours en dernier ressort, et l'ouvrier avait, pour garantie contre des décisions injustes, l'appel devant les officiers des bailliages royaux ou des échevinages Outre la surveillance de police exercée par des officiers délégués *ad hoc*, il y avait encore la surveillance collective exercée par les artisans eux-mêmes, qui étaient astreints, sous la foi du serment et sous des peines sévères, à dénoncer tous les abus, toutes les contraventions dont ils pouvaient avoir connaissance. Ainsi, par une de ces contradictions qui éclatent à chaque pas dans le moyen-âge, la même loi qui prescrivait à tous les membres d'un même métier l'union et la charité leur prescrivait en même temps la délation. C'était là une prescription d'autant plus immorale, que les mêmes familles se groupaient souvent dans les mêmes corporations, et de la sorte ce n'étaient point seulement des confrères, mais des parents qui devaient se dénoncer. Cette obligation fut rigoureusement maintenue jusqu'à la révolution française. D'exceptionnelle qu'elle était d'abord au moyen-âge, elle devint même à peu près générale dans les derniers temps, et Colbert eut le tort grave de lui donner une sanction et une extension nouvelles.

Indépendamment de l'organisation élective de l'administration des jurandes, nous trouvons encore, dans la police administrative de certains métiers privilégiés et riches, une sorte d'organisation féodale. Ainsi le grand chambrier de France ou maître de la garde-robe était maître des fripiers du royaume ; les cuisiniers, les marchands de vin avaient leur représentant honorifique dans *le roi des ribauds, prince des viniers*, dans le *maître-queux*, chef des cuisines royales. Le premier barbier, valet de chambre du roi, était maître de *la barberie du royaume*, et, à ce titre, il vendait des lettres de maîtrise et envoyait chaque année, moyennant une certaine somme, à tous les barbiers des provinces un almanach contenant des recettes *pour pourvoir à la santé du corps humain*. Les bouchers de Paris étaient placés sous l'autorité d'un *maître* ; les merciers de la Touraine, du Maine et de l'Anjou sous celle d'un *roi*. Cette *royauté* était un véritable fief *sine glebâ*, emportant des redevances utiles ou honorifiques : le roi des merciers ne tenait pas seulement dans sa mouvance les gens de son état, mais la noblesse elle-même, et tout feudataire qui concédait le droit de foire ou de marché lui devait un bœuf, une vache ou une fournée de pain.

Dans l'origine, la plupart des offices industriels, nous l'avons indiqué déjà, étaient électifs. Les jurés, les gardes, les prud'hommes étaient nommés dans les assemblées générales des gens du métier, assemblées auxquelles chacun d'eux était tenu d'assister à peine d'amende ou même d'exclusion, quand l'absence n'était point dûment motivée, car la même loi qui rendait pour les élus les fonctions publiques obligatoires imposait aussi aux électeurs l'obligation du vote, en vertu de la maxime consacrée par le droit canonique dès les premiers jours de l'église : *Celui qui doit être obéi par tous doit être élu par tous ; — qui ab omnibus debet obediri ab omnibus debet eligi.* Quelque absolue qu'ait été cette maxime, le système électif du moyen-âge, dans l'industrie comme dans l'église, n'en resta pas moins toujours subordonné à un contrôle supérieur, et, de même qu'au XIIIe siècle le droit nouveau des décrétales écarta le peuple des élections canoniques, de même, à partir du règne de Louis XI, le droit nouveau de la royauté tendit sans cesse à enlever aux gens de métiers le libre choix de leurs administrateurs et de leurs officiers de police. En repoussant successivement les apprentis, les valets, les compagnons et même les femmes, qui, en plusieurs corporations, avaient droit de vote, on passa peu à peu du suffrage universel au suffrage restreint, et du suffrage restreint aux créations en titre d'office, c'est-à-dire à la nomination royale moyennant finance. Des profits assez notables, droits de visite, de sceau, part dans les amendes et les confiscations, étant attachés aux charges de police industrielle, ces charges, qui emportaient de plus certains privilèges honorifiques, furent très recherchées, et devinrent une source abondante de revenus pour le fisc, en même temps qu'elles étaient une cause de ruine pour les corporations. En effet, elles furent accaparées par des traitants qui les achetaient souvent en gros pour toute une province, et qui, après les avoir payées fort cher, en augmentaient encore le prix en les revendant en détail. Les droits de visite, de sceau, d'examen, en furent accrus dans une proportion notable. Les villes, pour se débarrasser d'individus qui leur étaient étrangers et se soustraire à des droits onéreux et permanents, s'imposaient extraordinairement pour acheter et réunir à leurs échevinages les offices de création royale. Les corporations, à leur tour, étaient taxées pour s'acquitter envers les villes, et la plupart d'entre elles contractèrent à ce sujet des dettes qu'elles se, trouvèrent hors d'état de payer. Ce trafic des offices industriels fut poussé sous le règne de Louis XIV jusqu'aux dernières limites, et le gouvernement y viola effrontément les plus simples notions de l'équité. On créait, en titre d'office, des maîtres, des gardes, des contrôleurs, des auneurs, des peseurs-jurés, etc., et ces offices une fois vendus, on les supprimait après quelques années pour forcer les possesseurs à en obtenir, moyennant finance, la jouissance et le maintien. Des plaintes vives et répétées s'élevèrent à cette occasion du sein de toutes les villes, du sein de toutes les communautés ; mais il en fut de ces protestations comme des doléances des états-généraux : on passa outre, et l'on peut dire sans exagération que ces spéculations de la fiscalité royale, provoquées par les nécessité, de la guerre et des prodigalités folles, furent, avec la révocation de l'édit de Nantes, le grand désastre de l'industrie française au XVIIe siècle.

Les libertés municipales, intimement liées aux libertés industrielles, déclinèrent parallèlement à ces dernières. Les gens des métiers parmi lesquels s'étaient recrutés à l'origine, sans distinction de profession, les membres de magistratures urbaines, se divisèrent en une foule d'aristocraties rivales qui écartèrent insensiblement des corps municipaux les corporations les moins riches et les moins nombreuses. Dans les échevinages, comme dans les maîtrises et les jurandes, les créations à titre d'office vénal remplacèrent les fonctions électives, qui furent accaparées par ceux qui faisaient le négoce, et les artisans, qu'on appelait *gens mécaniques*, c'est-à-dire ceux qui travaillaient des bras, furent exclus des charges publiques par cela seul qu'ils travaillaient.

V. – Les sociétés d'assistance au moyen-âge et les confréries mystiques des métiers.

Si grande qu'ait été cependant sur notre ancienne législation industrielle l'influence de l'intérêt personnel, de l'esprit de monopole et d'exclusion, l'égoïsme ne devait point régner seul et souverainement dans les codes des métiers ; aussi retrouve-t-on dans ces codes, par un de ces contrastes fréquents au moyen âge, la fraternité la plus grande à côté des privilèges les plus absolus, les prescriptions morales les plus sages à côté des lois économiques les plus désastreuses. Le christianisme, qui avait affranchi, réhabilité le travail, devait aussi réhabiliter cette législation imprévoyante et lui laisser, comme à toutes les choses qu'il a touchées dans la barbarie des vieux temps, l'empreinte de l'austérité et de la charité. Cette double empreinte est marquée en effet sur tous les statuts, d'une part dans les prescriptions qui touchent aux faits de conscience, à la règle de la vie, de l'autre dans celles qui se rapportent à l'accomplissement des œuvres charitables.

En ce qui concerne les faits de conscience, les statuts déterminent les conditions de probité et de moralité en vertu desquelles on est admis dans le métier, et celles en vertu desquelles on peut s'y maintenir. La première condition de l'admission est une réputation intacte : les usuriers, les joueurs, les ivrognes, sont sévèrement repoussés, et ce n'est point seulement le vice, mais le soupçon du vice qui devient un motif d'exclusion. Ainsi, à Béziers, pour entrer dans la corporation des bouchers, il fallait, lorsqu'on avait été accusé de vol ou de fraude, se justifier de cette accusation. À Issoudun, nul ne pouvait être reçu maître dans la corporation des tisserands, s'il n'était de bonne vie, marié ou dans l'intention de se marier. Au point de vue de la considération, de l'intérêt même des communautés industrielles, cette sévérité, cette exclusion, ne pouvaient être que profitables mais elles présentaient un danger sérieux : celui de créer, au-dessous et au dehors des classes ouvrières, une population oisive et flottante de mendiants valides qui ne fit que s'accroître avec les progrès et l'extension de l'industrie, et, à côté de misères imméritées, résultat de crises passagères, une misère professionnelle qui faisait vivre les truands et les vagabonds de la pitié ou plutôt de la terreur publique, *comme des revenus d'une prébende* : c'était le mot consacré au XVIe siècle.

Une fois admis dans la communauté, l'individu qui en enfreignait les lois était considéré comme parjure et traité comme tel, attendu que le métier s'exerçait sous la foi du serment. Outre les obligations professionnelles, ce serment comprenait un certain nombre d'obligations morales, en vertu desquelles l'artisan devait à ses confrères de bons conseils, de bons exemples et de bons offices. Les unions illégitimes, qui sont de nos jours, parmi les classes laborieuses, une cause si fréquente de misère et même de crime, la séduction, l'adultère, entraînaient, avec les peines ordinaires, l'exclusion hors du métier. On n'était pas seulement responsable pour soi-même, mais encore pour ceux qu'on employait, et les maîtres payaient une amende lorsqu'ils souffraient dans leurs ateliers une action répréhensible. Les règlements semblaient en ce point s'inspirer de ces mots de l'Évangile : « Malheur à l'homme par qui le scandale arrive ! »

La charité était, dans le sein de la corporation, officiellement organisée par la confrérie, et, en vertu de ce précepte chrétien qui veut qu'elle soit infinie et sans bornes comme l'amour, qu'elle s'étende à tous les vivants et à tous les morts, qu'elle donne aux morts la sépulture et la prière, aux vivants l'aumône, les confréries s'établirent pour faire l'aumône et pour prier. Entièrement distincte de la corporation, quoique formée des mêmes éléments, la confrérie était placée sous l'invocation d'un saint qui passait pour avoir exercé la profession des confrères. Tandis que pour symbole la corporation avait une bannière, la confrérie avait un cierge. La corporation assistait aux assemblées des échevinages, aux réunions politiques des trois ordres, à la discussion des statuts réglementaires ; la confrérie n'assistait qu'aux solennités de l'église, et ses devoirs, exclusivement religieux, se bornaient, d'une part à l'accomplissement de certaines pratiques de dévotion, de l'autre à l'exercice de certaines œuvres de charité.

Comme institution mystique, la confrérie obligeait ses membres à faire célébrer chaque année, le jour de la fête patronale, un service solennel, à faire dire chaque semaine, quelquefois même chaque jour, une messe à l'intention de tous les gens du métier, à entretenir dans une église un cierge qu'on portait en grande cérémonie dans les processions, et de plus à assister à ce qu'on appelait *les honneurs du corps*, c'est-à-dire aux solennités religieuses de la vie domestique, telles que les baptêmes et les mariages. Les confrères, qui s'associaient à la joie de la famille, s'associaient aussi à son deuil. Ils avaient suivi le nouveau-né au baptistère, la jeune épouse à l'autel ; ils suivaient les morts à leur dernière demeure, fournissaient les torches, les draps funéraires, et, comme la famille, cessaient tout travail le jour où celui qu'ils venaient de perdre était conduit au cimetière. Il y avait dans ce deuil collectif, dans cette fraternité que la mort elle-même ne détruisait pas, quelque chose de touchant et d'élevé ; mais, par malheur, les usages les plus bizarres se mêlaient souvent comme une cynique protestation aux cérémonies les plus graves. Ainsi, à Paris, quand les crieurs de vin suivaient le convoi d'un confrère, d'eux d'entre eux marchaient près du cercueil, en portant l'un un pot, l'autre un gobelet, et ils présentaient ce gobelet bien rempli à tous les passants qui demandaient à boire.

Comme institution charitable, la confrérie était un véritable bureau de bienfaisance. Afin de purifier le gain, que l'église a toujours regardé comme blâmable quand les malheureux n'en ont pas leur part, la loi religieuse prélevait sur l'industrie une sorte de taxe des pauvres qui, dans la caisse de chaque confrérie, se trouvait amortie pour l'aumône. Cette caisse, souvent désignée sous le nom de *la charité du métier*, était alimentée par des retenues faites sur le salaire, les deniers à Dieu payés pour les transactions, et par les amendes. La taxe était permanente, et, lorsqu'elle ne pouvait suffire aux nécessités de l'aumône, les corporations étaient autorisées à imposer sur chacun des confrères, mais toujours du consentement de la majorité, une prestation extraordinaire recouvrable, comme les impôts royaux, par voie de contrainte.

Les produits de la taxe permanente et les prestations étaient appliqués, suivant que les confréries étaient plus ou moins riches et chargées d'un nombre plus ou moins grand d'ouvriers nécessiteux, tantôt à tous les pauvres de la même ville, tantôt aux pauvres de la corporation seulement. Il y avait ainsi ce qu'on appelait *l'aumône générale* et *l'aumône du métier*. *L'aumône du métier* était destinée à marier de pauvres filles orphelines, à secourir les vieillards, les infirmes, ceux qui étaient *appeticiés* de leur état, c'est-à-dire déchus, car, en vertu des lois de l'association, quand un confrère était tombé dans la misère sans que cette misère fût le résultat des désordres de sa conduite, les associés devaient lui donner chaque semaine des secours soit en nature, soit en argent, ou lui avancer une certaine somme qu'il n'était tenu de leur rendre que dans le cas où il pourrait *revenir sus* en ses affaires. — *L'aumône générale*, telle qu'elle était organisée à Paris et dans les grandes villes, c'est-à-dire là où se trouvaient des corporations puissantes, n'était pas seulement une affaire de bienfaisance, mais une sorte d'hommage solennel rendu aux malheureux par ceux que l'industrie avait enrichis, car il est à remarquer que la misère était quelquefois traitée comme une sorte de fief envers lequel les grands pouvoirs de l'état, ainsi que les magistratures urbaines, étaient astreints à des redevances utiles et honorifiques. À Mantes, le jour de la Conception, les plus notables bourgeois servaient à table les pauvres infirmes et vieux. À Nîmes, le jour de l'Ascension, les consuls, des torches à la main, se rendaient à la cathédrale, et là, les bannières de la ville déployées, ils distribuaient aux malheureux de l'argent et quinze douzaines de pains. À Paris, le jour du vendredi-saint, le roi lavait les pieds de treize pauvres choisis parmi les plus souffrants : touchant symbole qui donnait à la couronne une sorte de prestige mystique et qui grandissait pour ainsi dire la royauté en l'abaissant devant les pauvres, ces amis de Dieu, par un acte d'hommage plus humble que tous les hommages qu'elle-même imposait à ses grands vassaux.

Comme les notables bourgeois de Mantes, les consuls de Nîmes et les rois de France, les orfèvres de Paris donnaient, le jour de Pâques, aux malades de l'Hôtel-Dieu, aux prisonniers et à un grand nombre de pauvres, un dîner en vaisselle d'or et d'argent, dîner dans lequel ils servaient eux-mêmes. Cet usage, qui remontait à 1260, s'est maintenu jusqu'au XVIIIe siècle. Les autres métiers de la capitale faisaient également participer les malheureux aux repas solennels des confréries, et de la sorte, depuis le roi jusqu'aux artisans, chacun dans le royaume de France devenait à certains jours le serviteur ou le commensal du pauvre. C'était peu sans doute que de pareils secours ; mais, s'ils n'apportaient à la misère qu'un soulagement passager, ils avaient du moins l'avantage d'entretenir l'esprit de charité, et d'établir des rapports bienveillants entre ceux qui possédaient et ceux qui ne possédaient pas.

Outre l'argent, les vivres et les secours en nature qu'elles distribuaient aux indigents, un grand nombre de corporations et de confréries avaient fondé des hospices et des établissements de charité. À Rouen, dès l'an 514, on trouve une maison de refuge destinée à recevoir, en cas de misère ou de maladie, les ouvriers qui travaillaient à la confection des vêtements, et, en 1298, on voit les confrères écrivains de la ville d'Orléans faire disposer une espèce de chauffoir public pour abriter pendant les nuits d'hiver les malheureux qui ne savaient où loger. Les corporations recueillaient et *entretenaient décemment* dans les asiles qu'elles avaient fondés et dotés les personnes anciennes et de *bonne renommée* ; car la bienfaisance ne s'exerçait point au hasard, et de même que, pour entrer dans le métier, il fallait tenir une conduite régulière, de même il fallait, pour entrer dans l'hospice, justifier de sa probité et de la régularité de ses mœurs.

Comme associations de bienfaisance et de secours mutuels, les corporations, les confréries présentaient de grands avantages ; mais la barbarie des mœurs, l'égoïsme individuel, en neutralisaient souvent l'utile influence, et, à côté du bien, elles offrirent, ainsi que le compagnonnage, dont elles étaient la contrepartie, de graves inconvénients. On reconnut dès l'origine, et ce fait se trouve déjà signalé en 1372, que les pratiques de dévotion imposées aux confréries apportaient un grand obstacle à la production ; qu'en astreignant tous les confrères à cesser le travail à l'occasion des baptêmes, des mariages, des enterrements, on leur enlevait le profit d'un grand nombre de journées ; que les fonds destinés à des œuvres de charité étaient souvent dilapidés dans des banquets ; qu'on allait boire sous *ombre de messe*, et qu'enfin ces confréries, constituées sous l'inspiration d'une pensée mystique, avaient fini par dégénérer en associations burlesques dans lesquelles les choses les plus saintes se trouvaient scandaleusement travesties. Les abus auxquels elles donnaient lieu furent donc sévèrement condamnés au nom de la religion, de la morale et des intérêts de l'industrie ; de plus, par la force de cohésion qu'elles établissaient entre les classes ouvrières, en réunissant souvent plusieurs corporations dans une seule et même société mystique, en donnant à cette société une sorte de caractère religieux, les confréries devinrent une cause de troubles politiques. Habile à deviner tous les dangers qui, de près ou de loin, dans le présent ou dans l'avenir, pouvaient menacer le pouvoir, Louis XI tenta de placer ces associations pieuses sous la surveillance immédiate de la couronne, et ordonna, sous peine de la vie, à tous ceux qui en étaient membres, de ne se réunir en assemblées générales qu'en présence des officiers royaux. Les successeurs de Louis XI rendirent plusieurs ordonnances dans le même sens : elles furent éludées ; mais, comme les confréries, au milieu des agitations du XVIe siècle, ne servaient plus qu'à recruter les partis, après avoir essayé vainement de les réformer, on tenta de les dissoudre.

Des édits d'abolition furent promulgués par François Ier en août 1539, par Charles IX en février 1566, par Henri III en mai 1579. Il en fut de ces édits comme des arrêts rendus par le parlement en 1498 et en 1500, comme de la décision du concile de Sens en 1524. Les associations religieuses des métiers, et surtout les désordres qu'elles entraînaient, étaient trop profondément enracinés dans les mœurs pour qu'il fût possible de les faire disparaître en un jour par un acte d'autorité souveraine. Malgré les tentatives de réforme, le mal persista longtemps. Les confréries, ainsi que le dit un écrivain du XVIe siècle, occasionnèrent, pendant les troubles, « beaucoup de folies, » et elles s'ajoutèrent comme une plaie nouvelle à des plaies déjà trop nombreuses.

VI. – Premiers essais de réforme dans l'industrie française.

Ainsi la charité chrétienne elle-même était frappée d'impuissance en présence des misères qui affligeaient notre vieille industrie et des abus qui la déshonoraient. La conscience de ces abus, cependant, ne pouvait échapper ni à ceux qui en étaient les victimes, ni aux hommes clairvoyants qui participèrent, depuis la révolution des communes jusqu'à la révolution de 89, à l'administration des affaires publiques. Aussi tous les documents qui se rattachent à notre histoire industrielle accusent-ils un sentiment profond de malaise et l'instinct confus de réformes qui, par malheur, ne commencent à être définies que dans les dernières années du XVIe siècle.

Déjà, en 1358, Charles V, alors régent, condamnait sévèrement les règlements d'Étienne Boileau, en déclarant qu'ils étaient faits « plus en faveur et profit de chacun métier que pour le bien commun. » Charles VII et Louis XI, entre autres, essayèrent, comme Charles V, de corriger, d'améliorer, de refondre : ils favorisèrent l'établissement de fabriques, de manufactures, de foires ; mais, enfermés dans un cercle vicieux, ils ne changèrent en rien les conditions générales du travail. Ils sentaient le mal, cherchaient la cause, et la touchaient sans la voir. Ce ne fut qu'au XVIe siècle, au moment où l'économie politique, science nouvelle qui n'était point encore nommée, fit son avènement dans la société moderne, qu'on entrevit pour l'industrie d'autres lois que celles du monopole et du privilège, un autre régime que celui de l'exclusion. L'ordre établi depuis quatre siècles fut, pour la première fois, théoriquement attaqué ; de nouvelles doctrines se propagèrent ;

les classes laborieuses, initiées par l'instinct de leurs souffrances aux aspirations de la science et de la politique, s'arrachèrent enfin à cet esprit d'association exclusive qui jusqu'alors les avait dominées. Elles furent pour ainsi dire unanimes à protester contre le système restrictif, et le mot *liberté du commerce* fut prononcé pour la première fois dans les cahiers des états, et répété par la plupart des villes qui s'associèrent à la ligue. Cette réaction éclata plus vive encore au XVIIe siècle : « Le gain assuré des corps de métiers, disait Jean de Witt, les rend indolents et paresseux, pendant qu'ils excluent les gens habiles à qui la nécessité donnerait de l'industrie. »

« Pourquoi empêcher, disait à son tour Colbert en s'adressant à Louis XIV, pourquoi empêcher que des gens qui en ont quelquefois appris dans les pays étrangers plus qu'il n'en faut pour s'établir ne le fassent pas, parce qu'il leur manque un brevet d'apprentissage ? Est-il juste, s'ils ont l'industrie de gagner leur vie, qu'on les en empêche sous le nom de votre majesté, elle qui est le père commun de ses sujets et qui est obligée de les prendre en sa protection ? Je crois donc que, quand elle ferait une ordonnance par laquelle elle supprimerait tous les règlements faits jusqu'ici à cet égard, elle n'en ferait pas plus mal. » Condamner les brevets d'apprentissage, c'était condamner les maîtrises, et par cela même les corporations. Réclamer pour quelques-uns, au nom du progrès, la liberté du travail, c'était proclamer implicitement le droit de tous à cette liberté ; mais, pour abolir les privilèges dans une classe, il fallait les abolir dans toutes, et c'était là une œuvre impossible au sein d'une société qui reposait tout entière sur le privilège. Le temps d'une réforme radicale n'était point encore venu, et les vues de Colbert se trouvèrent nécessairement limitées par la monarchie absolue, la force de traditions encore toutes puissantes et la résistance des intérêts. On se contenta donc de modifier là où il fallait abolir, et, tout en centralisant l'administration de l'industrie, tout en la plaçant sous la surveillance de l'état, on laissa subsister le régime du moyen-âge. La polémique fut reprise dans le XVIIIe siècle avec une vivacité nouvelle. Les économistes, les philanthropes furent unanimes à réclamer la liberté du travail, et l'opinion se prononça d'une manière si formelle en faveur de cette liberté, que le gouvernement crut devoir faire des concessions.

En 1766, on présenta au parlement un édit qui supprimait les jurandes. La présentation de cet édit souleva dans la cour souveraine de violents orages. On allait voir, disait-on, l'anéantissement des arts, de la confiance et du commerce, la ruine de l'industrie ; il fallut différer encore. Enfin Turgot, que semblaient éclairer déjà les lumières de la révolution, résolut de tenter un coup d'état contre un ordre de choses que l'esprit des temps nouveaux avait condamné sans retour, et, en février 1776, il promulgua un édit portant abolition des maîtrises et des jurandes. Toutes les objections économiques qui jusqu'alors avaient été faites contre le régime des communautés industrielles se trouvaient résumées avec une lucidité parfaite dans le préambule de cet édit célèbre, déduit tout entier de cette phrase que Turgot semblait avoir dérobée d'avance à la déclaration des droits de l'homme : « Dieu, donnant à l'homme des besoins et lui rendant nécessaire la ressource du travail, a fait du droit de travailler la propriété de tout homme, et cette propriété est la première, la plus sacrée et la plus imprescriptible de toutes. » L'édit d'abolition, malgré sa haute sagesse, fut révoqué peu de temps après sa promulgation, et, l'année suivante, les maîtrises et les jurandes furent rétablies, mais dans une forme nouvelle, et, comme l'a dit avec raison M. Blanqui, l'industrie reçut une organisation moins vicieuse que celle détruite par Turgot, mais vicieuse encore, puisqu'elle reposait sur des limitations, des exclusions, des monopoles. Les dispositions de l'édit de 1777 ne furent d'ailleurs appliquées que par exception. Les parlements de Bordeaux, de Toulouse, d'Aix, de Besançon, de Rennes et de Dijon avaient refusé d'enregistrer cet édit, et de la sorte la Guyenne, le Languedoc, la Provence, la Franche-Comté et la Bretagne restèrent placés sous un régime qui datait de plusieurs, siècles. Ce n'était là toutefois qu'une résistance impuissante ; le système du privilège, du monopole, de l'exclusion, de la tyrannie administrative, contre lequel s'étaient vainement débattues les classes industrielles du moyen-âge, devait bientôt s'écrouler sans retour, et la liberté du travail, qui découle de l'égalité des droits, cette liberté que tant d'esprits généreux avaient en vain réclamée sous l'ancienne monarchie, l'assemblée constituante l'établit par la loi du 2 mai 1791.

Nous le demandons maintenant aux hommes de bonne foi qui se placent sagement en dehors de la solidarité des écoles ou des partis, véritable esclavage de l'intelligence : peut-on sans injustice contester que depuis un demi-siècle le travail national ait fait de notables progrès, que la condition des classes laborieuses se soit sensiblement améliorée ? Ce système corporatif, que des novateurs rétrogrades s'obstinent encore à nous montrer, sous des noms nouveaux, comme la terre promise de l'industrie, qu'était-il autre chose, en réalité, que la concurrence collective, l'antagonisme des castes poussé à ses dernières limites, la consécration du monopole, la tyrannie la plus absolue des intérêts égoïstes ? Seul au milieu de ce chaos et de cette barbarie, le christianisme fait briller l'impérissable lumière de sa morale et de sa charité ; mais le bien que produit la loi religieuse est comme anéanti par la loi civile, et cependant, malgré cette leçon du passé, on réclame encore aujourd'hui la réglementation systématique du travail, comme si, en un semblable sujet, l'application d'un système était autre chose que le despotisme, comme si l'activité humaine, en ce qu'elle a de légitime et de moral, pouvait être réglementée sans être anéantie. C'est en vain d'ailleurs que la révolution de 89 a fait disparaître les castes et rétabli l'égalité des droits ; du moment où l'on veut pour l'état la direction souveraine, l'absorption des forces individuelles, il n'y a pas de moyen terme entre la liberté d'une part, la tyrannie et le communisme de l'autre. On a beau discuter, on ne réfute pas la logique des faits : c'est par la liberté que se sont accomplis dans le passé le progrès industriel et l'amélioration du sort des classes laborieuses ; c'est par elle que ce progrès, cette amélioration, s'accompliront encore dans l'avenir.

www.ingramcontent.com/pod-product-compliance
Lightning Source LLC
Chambersburg PA
CBHW022305060426
42446CB00007BA/596